AF648882

Gustav Jahn

Neuer Frühling: Brautlieder

unikum

Gustav Jahn

Neuer Frühling: Brautlieder

ISBN/EAN: 9783845741901
Erscheinungsjahr: 2012
Erscheinungsort: Bremen, Deutschland

www.unikum-verlag.de | office@unikum-verlag.de

Gustav Jahn

Neuer Frühling: Brautlieder

unikum

Neuer Frühling.

Brautlieder

von

Gustav Jahn.

Zweite Auflage.

Magdeburg,
Heinrichshofen'sche Buchhandlung.
1868.

Meiner Dora zu Ehren

allen Bräuten geweiht.

Neue Liebe, neues Leben,
Neue Kraft zum alten Streben,
Neue Frucht am alten Zweig
Dürfen diese Blätter bringen,
Seit mich Gott auf neuen Schwingen
Führte durch das alte Reich.

Inhalt.

Seite

Seite

Lenz im Winter.

Als Vorwort.

Im Sommer wars — es floß der Sonnenglanz
Ums Haus auf Blüthenpracht und Saatengold —
Da welkte meine Rose hold,
Da lag mein Lieb so bleich im Todtenkranz.
Man nahm sie mir — trug sie zur kühlen Gruft —
In Blumen eingehüllt sah ich zuletzt sie ruhn:
Nur eine Handvoll Erde trennt uns nun,
Und doch — wie eine tiefe Kluft!

2

Mich wehte winterkalt das Leben an;
Es starb die Lust in meinem Herzen da,
Und wenn ich eine Blume sah:
Ich hatte keine Freude mehr daran!
Mein Auge schaute nicht ihr buntes Kleid,
Den dürren Stengel sah allein ich noch —
„Was hilft dein Schönsein! welken mußt du doch“,
Dacht ich — „in einer Spanne Zeit!“

Jetzt ist es Winter — düster starrt der Wald;
Ein weites Leichentuch liegt auf der Flur —
Von Leben ringsum keine Spur;
Doch tief in meiner Brust gewinnts Gestalt.
Hier ward es Frühling — plötzlich starb der Gram;
Ein neues Lieben ist in mir erwacht —
Dieselbe Hand, die einsam mich gemacht,
Sie gab mir wieder, was sie nahm!

Nun schreit ich lenzesfroh durch Winterschnee,
Als wehte warm ums Herz mir Maienstrahl;
Lebendig wird mein stilles Thal:
Es sprießen Blumen, wo ich geh und steh!
Den dürren Halm, den nackten Zweig am Strauch
Seh ich nicht mehr — ich schaue Blättergrün
Im Geiste schon: „Bald müßt ihr neu erblühn“,
Jauchz ich, „wie meine Seele auch!“

4

Der Ring.

Du kennst das Märchen von dem Ringe,
Der, dreht man ihn am Finger leis,
Im Nu die schönsten Wunderdinge
Um seinen Herrn zu zaubern weiß —
Kanns wohl ein größer Kleinod geben?
Was in des Herzens tiefsten Falten
Für stille Wünsche sich gestalten:
Ein jeder tritt sofort ins Leben!
Nun wisse, just ein solcher Ring
Ist der, den ich von Dir empfing.

Wenn ich im süßen Deingedenken,
Zur Dämmerzeit, im Zwielichtschein,
Mich möchte in Dein Bild versenken,
Im stillen Stübchen ganz allein;
Wenn dann ein inniges Verlangen
Aufsteigt aus meiner Seele Grunde,
So bleibt das Aug in solcher Stunde
An Deiner Liebe Pfande hangen,
Und spielend, ohne daß ichs weiß,
Dreh ich das Ringlein um im Kreis.

Da öffnet sich die Thüre leise,
Du kommst, und schaust Dich lächelnd um,
Und schaffst nach Deiner stillen Weise,
Und ordnest Alles rings herum —
Und wie verwandelt durch den Zauber,
Erkenn ich wieder kaum das Zimmer,
Auf Allem liegt ein Duft und Schimmer;
Wie wohnlich Alles, nett und sauber!
Kein Stäubchen mehr auf Tisch und Schrank,
Nein, Alles zierlich, blink und blank.

Und wieder dreh im stillen Sinnen
Ich an dem Ring — da schmückt sich schnell
Der Tisch mit blendend weißem Linnen,
Und zwei Gedecke stehn zur Stell;
Du bringst, was Du mit eignen Händen
Bereitet hast am eignen Heerde,
Und winkst mit freundlicher Geberde
Mich zu den würzgen Gottesspenden —
Ich falte still die Hände mein:
Ach Gott, ich aß so lang allein!

Und wieder dreh ich — sieh, da springen
Die Knospen all im Gärtchen drauß,
Und süße Blüthendüfte dringen
Herein, und locken uns hinaus —
Auch hier, auch hier Dein treues Pflegen!
Ich schau Dich an mit trunknen Blicken,
Und rings von allen Beeten nicken
Die bunten Blumen uns entgegen;
Das Vöglein grüßt mit hellem Aug
Uns aus dem Nest im Fliederstrauch.

O Ringlein, Ringlein, laß dich drehen
Noch weiterhin und immerfort;
Das Auge kann nicht satt sich sehen
An all den Bildern hier und dort!
Mein einsam Haus fängt an zu blühen;
Es wogt um mich ein fröhlich Treiben —
Doch nein — ich darf nicht weiter schreiben,
Ich will den Handschuh überziehen —
Ihr Geister alle schwebt zurück!
Mir schwindelt vor so vielem Glück.

O Ringlein, Ringlein, liebes, holdes,
Du meiner Liebsten süßes Pfand!
Ich ließ dich nicht um Tonnen Goldes,
Und nicht um eines Königs Land!
Du hältst mir ja das Herz gebunden,
Das Lust und Leid mit mir will theilen,
Von dem ich ferne zwar muß weilen,
Doch das mir nah ist alle Stunden:
Du führst im trauten Zwielichtschein
Still in mein künftig Glück mich ein.

Die Hyazinthe.

Am Fenstersims, im irdnen Töpfchen,
Hat aus dem grünen Blätterschacht
Die Hyazinthe über Nacht
Gehoben ihr verschleiert Köpfchen.
Ists nicht, als ob die Knospenfülle
Aufathme, wie nach langem Druck?
Und sieh, wie schon der Farbenschmuck
Durchschimmert die gespaltne Hülle.

Ach spare, spare deine Düfte,
Du Kind des Lenzes! Schau hinaus,
Schneeflocken wirbeln um das Haus,
Der eisge Nord durchpeitscht die Lüfte;
O, wolle lieber dich entfalten,
Küßt dir der Mai das Angesicht —
Und doch — du kannst es lassen nicht,
Du mußt, du mußt dich neu gestalten!

Ein warmer Hauch hat dich berühret,
Ein frischer Thau benetzte dich —
Da hat dein Herz tiefinnerlich
Die Hand, die pflegende, gespüret;
Und, wie geweckt aus trüben Träumen,
Ringt sich der Kelch aus dunklem Schooß
Entgegen seinem schönen Loos,
Zu blühn und duften ohne Säumen.

O, meines Herzens Bild hier siehe!
Es lag im Winterfrost erstarrt,
Und hat des linden Hauchs geharrt,
Ders aus der Nacht zum Lichte ziehe. —
Einsam und öde hat getrauert
Die Seel um ein verblühtes Glück,
Bis plötzlich Deiner Augen Blick
Das tiefste Wesen mir durchschauert.

Da ist zu neuen Frühlingswonnen
Ein Leben neu in mir erblüht;
Und jede Blume wird zum Lied.
Mein Herz war ein verschlossner Bronnen;
Den Schlüssel zu dem Liederquelle
Hast Du, so lange Du mich liebst,
Denn wie Du Lieb um Liebe giebst,
Strömt Dir entgegen Well auf Welle!

Gieb Dich mir ganz.

O, gieb Dich ganz an mich und völlig,
Und Alles, Alles, was Du hast!
Nicht eher find ich Ruh noch Rast,
Bis wir einmüthig und einhellig.

Bis wir einander so verstehen,
Bis so vollkommen unser Bund,
Daß ich in Deiner Seele Grund
Kann jeglichen Gedanken sehen;

Bis jeder in des Andern Wesen
So tief und innig sich versenkt,
Daß Du, was meine Seele denkt,
Mir kannst aus meinen Augen lesen.

Ich muß Dich ganz mein eigen nennen,
Muß mich Dir geben ganz und gar:
Wir gehn des höchsten Glückes baar,
Wenn wir uns völlig nicht erkennen!

Um solche Liebe will ich ringen
Mit Waffen guter Ritterschaft;
Mit meiner Seele ganzer Kraft
Will ich Dich so zu lieben zwingen.

Ich will Dich zwingen, so zu lieben,
Mit aller Kraft in meiner Brust;
Des Sieges bin ich mir bewußt:
Gott hat ihn mir ins Herz geschrieben!

Drum gieb Dich ganz an mich und völlig,
Und Alles, Alles, was Du hast!
Wir finden keine Ruh noch Rast,
Bis wir einmüthig und einhellig!

14

Wundersam.

Wie ist so wundersam es doch
Um zweier Herzen Lieben!
Kein Sänger hats besungen noch,
Kein Dichter hats beschrieben.

Denn immer bleibt Lied und Gedicht
Nur außen an der Pforte;
Was drinnen, läßt sich sagen nicht,
Und faßt sich nicht in Worte.

15

Erst stand ich Dir so fremd und fern,
Und konnte harmlos scherzen;
Dann sah ich Dich ein wenig gern,
Dann gern von ganzem Herzen;

Und endlich hieb ich kühn darein,
Ein zweiter Alexander —
Und gestern war ich noch allein,
Und heut sind wir selbander!

Und heut kann ich nach Herzenslust
In Deinen Augen lesen,
Was gestern selbst Du nicht gewußt:
Daß Du mir gut gewesen.

Und wenn ich heut ins Aug Dir seh,
Wallt mir das Herz inwendig;
Vom Scheitel bis hinab zur Zeh
Wird all mein Blut lebendig;

Als ob, was ich nur hab und bin,
Herz, Seele, Leib und Leben
Auf möcht und eilend zu Dir hin,
Um sich Dir ganz zu geben!

Und all dies Glück, weil gestern noch
Ein Brieflein ich geschrieben:
Wie ist so wundersam es doch,
Um zweier Herzen Lieben!

Sturm aufs Herz.

Mein Schatz ist ein Soldatenkind,
Von echter, rechter Art!
Das dreht sich nicht nach jedem Wind
Und läßt nicht Jemand ein geschwind:
Sein Herz ist wohl verwahrt;
Doch was es einmal ein erst läßt,
Das hält es auch getreulich fest.

O, welche Lust! mit keckem Muth
Zu werben und zu frein,
Um solch ein frisches junges Blut,
Um solch ein Herz, das spröde thut,
Und dochs nicht recht kann sein!
Viel besser mundet jeder Kuß,
Der erst erobert werden muß.

O Magdeburg, du feste Stadt,
Du Ros in Preußens Kron:
In keinem Kampfe werde matt,
Erhalt und wahre jedes Blatt
Für deines Königs Thron!
Doch blüht ein ander Röslein roth
In dir, das scheint mir mehr bedroht.

Das Herzchen meiner blonden Maid,
Ein fester Mauerthurm,
Es soll mich sehn stets kampfbereit,
Mit Liedern zieh ich in den Streit
Und nehm es ein mit Sturm.

Ich will doch sehn, wie lange wohl
Mein sprödes Lieb sich halten soll!

Ich kämpfe, bis ums Angesicht
Sie mir ein Kränzlein flocht;
Ich wanke nicht, ich weiche nicht,
Bis sie ans Herz mir sinkt und spricht:
Du hast mich übermocht!
Da hast du mich, da nimm mich hin,
Und Alles, was ich hab und bin!

Tausch.

Ich schau Dir in die Augen klar,
Ich höre stumm Dir zu:
Wie ist die Liebe wunderbar!
Ich bin nicht mehr, der vor ich war,
Und Du bist nicht mehr Du!

Ein harmlos Kind, hab ich zuletzt
Dich fröhlich scherzen sehn:
Wie bist Du so verständig jetzt,
Und blickst so ernsthaft und gesetzt,
Was ist mit Dir geschehn?

Und ich — ein Stück Amtsgravität,
  Es wohnte mir schon bei;
Doch das ist Alles wie verweht,
Ich scherze fröhlich früh und spät
  Und treibe Kinderei.

Dir ward er älter alsobald
  Und jünger mir der Muth;
Das ist der Liebe Allgewalt!
Und traun, ein solcher Tausch ist halt
  Uns allen Beiden gut.

Ich schau Dir in die Augen klar,
  Ich höre stumm Dir zu:
Wie ist die Liebe wunderbar!
Ich bin nicht mehr, der vor ich war,
  Und Du bist nicht mehr Du.

Die Braut.

Was pochst du Herz so laut? Es ist geschehn!
Du bist nicht mein mehr, ungestümer Dränger —
Ich gab dich fort! darf ich noch länger
Zur Rechenschaft all deinen Fragen stehn?

Wie plötzlich trat sein Bild an mich heran,
Wie plötzlich hab' ich mich ihm hingegeben —
Zum Bunde für ein ganzes Leben —
Wie konnt ichs nur? dem mir so fremden Mann!

O schweige Herz! Trägst du nicht selbst die Schuld?
Sahst du nicht oft in deinem stillsten Hoffen
Schon eine goldne Zukunft offen!
Schlugst niemals du in banger Ungeduld?

Hast du dich tief und innig nie gesehnt
Nach dem Genossen deiner Lust und Schmerzen?
Hast nie an einem andern Herzen,
Dich selbst vergessend, du im Geist gelehnt?

Nun ists geschehn! Ich kann nicht mehr zurück —
Ein kurzes Wort, ich weiß es, hat entschieden
Für immer über meinen Frieden
Und über *all* mein künftig Erdenglück!

O! wird dies tiefste Sehnen meiner Brust,
Dies nach Verständniß ringende Verlangen,
Wird es zur Blüthe nun gelangen?
Wird langsam welken meine Knospenlust?

Jetzt ahn ich erst, wie reich ich in mir bin,
Wird es gestillt, dies innigste Begehren —
Und fühle tief — muß ichs entbehren —
Dann bin ich arm, dann bin ich Bettlerin!

Und wußt ichs nicht, hatt ich noch nicht erkannt,
Ich würd in ihm das, was ich suchte, finden:
Wie konnt ich dann so schnell mich binden!
Wo Alles, Alles zu verlieren stand. —

O, Herr, mein Gott! Du weißt, Dich hat gefragt
Mein rathlos Herz im stummen Blick nach oben:
Der Du der Angst mich da enthoben,
Verlasse nimmer Deine schwache Magd!

Zogst Du mich da aus meiner Kümmerniß,
Wußt ich, daß ich nach Deinem Willen thue:
So gieb auch jetzt mir wieder Ruhe!
Erhalte mir das Herz fest und gewiß.

Du weißt, nicht eitle Lust, nicht Ehr und Glanz,
Nicht gute Tage sinds, die ich erflehe;
Nur daß der einst dies Herz verstehe,
Dem ichs hingeben möchte voll und ganz!

Nimm meine Lieb in Deine Vaterhut,
Von allen Zweifeln gnädig mich entbinde;
Gieb vollen Frieden Deinem Kinde,
Den Frieden, der in Deinem Willen ruht!

Die beiden Freundinnen.

Durch die hohen, hellen Zimmer
Schreiten stumm zwei Fraungestalten;
Diese, in der Jugend Schimmer,
Jener Stirn gefurcht von Falten.

Diese, der des Lebens Morgen
Hell und heiter nur geschienen,
Mit den Spuren banger Sorgen
In den jugendfrischen Mienen.

Jene, die des Erdenlebens
Herbstes Loos sich sah erfüllen,
Mit dem Blicke, der vergebens
Strebt ein Lächeln zu verhüllen.

Endlich sitzen Beide nieder
In des Divans weichen Kissen,
Und die Jungfrau redet wieder
Von des Herzens Kümmernissen.

Läßt den Kopf, den sorgenschweren,
An der Freundin Schulter lehnen,
Nicht den Augen will sie wehren,
Aber bergen doch die Thränen.

Was ihr Herz mit bangem Schlage
Unbewußt von Gott erbeten,
Ist als große Lebensfrage
An die Seele nun getreten.

Und so plötzlich ists gekommen,
Also tief ist sie erschrocken,
So um Antwort ganz beklommen,
Daß ihr fast die Pulse stocken.

Darum muß so viel sie weinen,
So viel fragen und bekennen
Und vermag des Herzens Meinen
Doch mit Worten nicht zu nennen.

Jene aber, herzerfahren,
Stört nicht die Gedankenkreise;
Läßt die Jungfrau sich gebahren,
Lächelt nur verstohlnerweise.

Ihre milden Blicke sagen:
Nach dem Kampf erst folgt der Frieden,
Und die Mädchen, welche fragen,
Sind im Herzen schon entschieden!

Sankt Marien Kirchthurm.

Was mag bei strömenden Regen
Im stillen Kämmerlein
Das Mädchen am Fenster sinnen,
So ganz mit sich allein?

Hat die blauen Augen gefeuchtet
Im Herzen Kümmerniß tief?
Gefaltet ruhen die Hände
Und drinnen ein zierlicher Brief.

Genüber, von Sankt Marien
Der Kirchthurm, wetterergraut,
Durch die fallenden Regentropfen
Bedenklich ins Antlitz ihr schaut.

Er hat, als alter Bekannter,
Von Wind und Wetter umrauscht,
Manch Jahr in der einsamen Kammer
Der Jungfrau Treiben belauscht;

Hat gespiegelt in manchem Thränlein
An ihren Wimpern sich schon,
Wenn das Herz, das übervolle,
In des Kämmerleins Stille geflohn.

Und nie hat aus er geplaudert,
Wenn zu ihm herüberscholl,
Was betend der Seele Tiefen
Voll Inbrunst drüben entquoll.

Drum hätt auch des Briefes Geheimniß
Der Alte gerne gekannt;
Doch halten es fester und fester
Der Jungfrau Hände umspannt.

Es rauscht der Regen und rauschet,
Das Mädchen sinnet und sinnt,
Der Thurm blickt schweigend herüber —
Und die flüchtige Stunde verrinnt.

Jetzt endlich richten hellschimmernd
Die Augen sich himmelwärts —
Sie hebt den Brief an die Lippen
Und preßt ihn innig ans Herz.

Das Wetter verzog sich inzwischen,
Aus der Wolken getheiltem Meer
Fließt ein Strahl der scheidenden Sonne
Auf die stillen Dächer umher.

Im Abendschimmer steht heiter
Der Kirchthurm von Sankt Marien,
Als hätt er doch nun erfahren,
Was so geheimnißvoll schien.

Der Besuch.

Still tritt ans Bett der jungen Mutter
Mit leisem Gruß die junge Braut —
Seit Beider bängsten Freudenstunden
Hat sich ihr Auge nicht geschaut.

Wie blicken so verständnißinnig
Sie lang sich an und unverwandt!
Es wechseln Beide keine Rede,
Sie drücken stumm sich nur die Hand.

Ums Antlitz spielt der blassen Mutter
Ein Lächeln mild und frühlingsklar,
Als dächte sie der frohen Tage,
Da selbst beglückte Braut sie war.

Sie fühlt, was sich im Herzen reget,
Daß sies der Freundin sagen muß:
Da neigt sich jene — und die Worte
Ersterben unter ihrem Kuß.

Drauf, als sie wieder sich erhoben,
Nimmt aus dem Bettlein weich und warm
Die junge Braut mit stillem Sinnen
Das zarte Kind auf ihren Arm.

Sie schaut es an mit feuchten Augen,
Mitfühlend seiner Mutter Glück,
Und legt — erfaßt von süßen Schauern,
Es in die Kissen stumm zurück.

Vier Lieder vom Häuserbauen.

1.

Nun hebt Gott an zu bauen
Aufs neue mir ein Haus —
Ich weiß, er wird nicht ruhen,
Bis ers geführt hinaus.

Mein erstes war zerfallen,
Noch ehs zu blühn begann —
Ich weiß, daß Gottes Odem
Erstehn es heißen kann.

Ich wähnte mich verlassen;
Da sah er meinen Gram,
Und legt ans Herz mir wieder,
Was er vom Herzen nahm.

2.

Seit mein gesunknes Lieben
Gott also baut mit Macht;
Ist auch in meinem Herzen
Ein Trieb zum Baun erwacht.

Mich drängts, ein Haus zu bauen,
Gar sauber, hell und rein;
Aufs wohnlichste und beste
Möcht ich es richten ein.

Wie ichs am besten baue
Sinn ich den ganzen Tag:
Nur daß mein Lieb gern wohnen
Und gern drin schalten mag.

3.

Seitdem ein Haus zu bauen
Mir also kam die Lust,
Schwellt flugs ein gleich Verlangen
Auch meiner Liebsten Brust.

Nur muß all ihre Arbeit
Der Welt verborgen sein:
Sie baut im tiefsten Herzen
Ein stilles Kämmerlein.

Das ist so traut und heimlich,
Ein Fremder ahnt es kaum:
Es hat nur Raum für Einen,
Es hat für mich nur Raum!

4.

Und wenn nun Alles fertig,
Mein süßes Lieb, was dann?
Dann hebt erst recht von neuem
Ein fröhlich Bauen an!

Wir wollen nimmer feiern,
Nie werden laß und müd;
Wenn unter Gottes Schirme
Einst unser Haus erblüht.

Dann führen wir zusammen
Den rechten Bau erst aus,
Und bauen unsre Herzen
Zu einem Gotteshaus.

Die Krankenpflegerin.

Bei tiefverhängter Lampe Schimmer
Sitzt in der stillen Mitternacht
Am Krankenbett, in Vaters Zimmer,
Die Braut, und hält getreue Wacht.
Es schlafen all die andren Lieben;
Sie ist heut an der Mutter Statt
Beim kranken Schwesterchen geblieben —
Wenn recht ein Herz was Liebes hat,
Dann wird ihm keine Zeit mehr lang;
Sie bat darum, ihr ist nicht bang,
Sie sitzt so ganz allein gar gern,
Und hat sie nicht zu schaffen mit der Kranken,
Dann schweifen die Gedanken
In weiter, weiter Fern!

Die Kleine wälzt sich in den Kissen,
Des Fiebers Gluth ist gar zu groß —
Bald streckt ein Füßchen, ohn ihr Wissen,
Und bald ein kleiner Arm sich bloß;
Der ganze Körper brennt wie Kohlen,
So trocken ist der kleine Mund —
Die Braut hat viel herbei zu holen,
Fast Mutterliebe giebt sie kund;
Sie zieht die Decken sorglich glatt —
Wenn recht ein Herz was Liebes hat,
Wie pflegt es da doch Andre gern!
Und giebt es nichts zu schaffen bei der Kranken,
Dann schweifen die Gedanken
In weiter, weiter Fern!

„Ich bin so müde", klagt mit Weinen
Das Kind, „und kann nicht schlafen doch!"
Die Schwester streicht die Stirn der Kleinen:
„„Lieg nur ein Weilchen ruhig noch!""

Sie malt ihr vor viel schöne Spiele,
Erzählt Geschichtchen mancherlei,
Singt süßer Liederchen so viele,
Bis stille wird das Kind dabei.
Sie wird des Plauderns gar nicht satt;
Wenn recht ein Herz was Liebes hat,
Dann geht der Mund auch über gern!
Und wie sie tändelt mit der kleinen Kranken,
So schweifen die Gedanken
In weiter, weiter Fern!

Und matter wird des Lämpchens Schimmer,
Das Schwesterchen, es schlummert ein —
Einförmig tickt die Uhr im Zimmer,
Die Braut ist mit sich ganz allein.
Sie lauscht des Kindes Athemholen,
Und nickt — der Schlummergott streut Mohn
Aufs Haupt ihr leise und verstohlen —
Sie fühlt sich in der Heimath schon —

Sie weilt in einer fernen Stadt,
Wo recht ihr Herz was Liebes hat:
Der Traum hat sie mit ihm vereint —
O schlummre süß mit deiner kleinen Kranken,
Laß ausruhn die Gedanken
Bei deinem fernen Freund!

Bräutigams Kommen.

Mein Herz, nun nur noch einen Tag,
Dann weilt er wieder hier!
Was stockt so plötzlich denn dein Schlag,
Was bangst du so in mir?

Bald siehst und hast und hältst du ihn,
Und in ihm all dein Glück —
Und doch — statt zu ihm hinzufliehn,
Bebst du vor ihm zurück!

Liebst du ihn denn nicht warm und treu,
Und innig wahr und tief?
Giebst du dich offen nicht und frei
Ihm kund in jedem Brief?

Und nun er naht, erzitterst du?
Du weißt nicht, was dir frommt!
Du hast, wenn fern er ist, nicht Ruh,
Und Ruh nicht, wenn er kommt.

Und blieb er aus, und blieb er fern,
Vergingst du schier vor Schmerz:
Du bist ein Räthsel deinem Herrn,
Du wunderliches Herz!

Ringt denn das Mädchen mit der Braut
Tief in dir immer noch?
O poche, poche nicht so laut,
Sein Herz bezwingt dich doch!

Wie ich Dich liebe.

Wenn doch die Muse mir vergönnte,
Als höchste Gunst, die je sie giebt,
Daß einmal nur ich sagen könnte,
Wie sehr Dich meine Seele liebt!
Ich möchte Lied auf Lied Dir bringen,
Ich fühle mich so stark und reich —
Und doch so schwach und arm zugleich,
Muß um das rechte Wort ich ringen!

Und kann ichs nicht — o könntest senken
Den Blick Du tief in meine Brust,
So daß mein innerlichstes Denken,
Dir einmal nur wär klar bewußt!
Laß mich in Deine Augen schauen,
Und blicke in die meinen Du;
Vielleicht strömt dann die Kraft mir zu,
Dir mein Geheimniß zu vertrauen.

Ich liebe Dich! O fühl es schlagen
Im Herzen all mein heißes Blut,
Und laß es jeden Puls Dir sagen,
Mit welcher Inbrunst, welcher Glut!
Du senkst die Wimpern, stumm mir wehrend —
Ja Du hast recht! Mit gleicher Kraft
Loht auch die Glut der Leidenschaft,
Das Mark des Lebens wild verzehrend.

So lieb ich — wie des Schnees Flocken
Die Flur bedecken, weich und zart!
Du schüttelst Deine blonden Locken:
Die Lieb ist auch nicht rechter Art!
Der Schnee will alle Schluchten füllen,
Bis Alles eben, plan und gleich:
Die Liebe soll nicht schwach und weich
Des Andern Fehler bloß verhüllen!

So lieb ich — wie des Aethers Bogen,
Der ewig treu die Erd umfängt —
Dein Auge hält ein Flor umzogen:
Ich weiß, was Deine Seele denkt!
Die Treu ist eine Himmelsgabe,
Des Menschen Herz veränderlich —
Dein Blick fragt: welchen Bürgen ich
Für wandellose Treue habe?

Ich liebe Dich, mein liebstes Leben,
Heiß, zart und treu in Gott allein!
Ich habe Gott mein Herz gegeben,
So möge Gott mein Bürge sein!
Von seiner Liebe heilgen Flammen
Sei meine Lieb ein Spiegelbild —
Da neigst Du Dich zum Kusse mild,
Und Seel und Seele strömt zusammen!

Dora.

Demuth des Herzens bei Offenem Wesen,
Reinheit der Seele, bei Anmuth des Leibes,
Laß mich, als höchste Zierden des Weibes,
In Deinem Namen, Geliebteste, lesen.

Das Bild.

1.

Du hast, Geliebteste, dem Sänger
Dein Bild geschickt zum Angebinde,
Daß er sich immer mehr und länger
Zurecht in diesen Zügen finde.

Im Buche Deiner Seele lesen
Soll ich daraus — hast Du geschrieben;
Soll in der äußern Form Dein Wesen,
Dein innerstes, allein nur lieben.

Wie folg ich gerne dem Geheiße,
In diesen Chiffern zu studiren!
Kein Forscher kann mit gleichem Fleiße
So in sein Thema sich verlieren.

Nimm einen Strauß von frischen Liedern,
Gepflückt in diesen letzten Tagen,
Als meines Herzens laut Erwiedern
Auf Deines Bildes stumme Fragen.

2.

Wie weilt so lang und freudetrunken,
So tief befriedigt und gestillt,
So ganz in süßes Schaun versunken,
Mein Aug auf Deinem theuren Bild —

Des Bildes Blick scheint ernst und sinnig
Zu schweifen weit im fernen Land
Und doch wehmüthigfroh und innig
Auf mir zu ruhen unverwandt;

Als spräch er: Dir hab ich gegeben
Mein ganzes künftiges Geschick!
Und plötzlich zittert ein Erbeben
Tief durch mich hin bei diesem Blick.

Nicht ward mir von der Zukunft Kunde,
Doch glaube, daß vor Deinem Bild
Aus meiner Seele tiefstem Grunde
Es wie ein stumm Gebet oft quillt.

3.

Und immer wieder darf ich stehen
Vor Deinem Bild, kann stets aufs Neu
In Deine lieben Züge sehen
Und in die Augen fromm und treu.

Es darf mein Blick Dir Alles sagen,
Darf reden, wies die Seele meint,
Auch von dem Glück in jenen Tagen,
Wenn unsre Herzen ganz vereint.

Du schlägst die Augen nicht mehr nieder,
Du hörst mir still und freundlich zu —
Drum tret ich immer, immer wieder
Vor dich, Bild meiner Liebsten, du.

Du bist von Allem, was ich habe,
Und Allem, was auf Erden feil,
So lange mir die reichste Gabe,
Bis mir dein Urbild wird zu Theil.

4.

Du stehst, als ob mich zum Gefechte
Des Körpers Haltung wollte winken —
Den schlanken Leib umspannt die Rechte,
Ein Buch ruht lässig in der Linken.

Den Pfad zum Herzen mir zu wehren,
Erscheint die Rechte ganz entschlossen;
Drum muß ich mich zur Linken kehren,
Die näher jenem ist entsprossen.

Das Buch, drin links die Finger spielen,
Sind Lieder, die ich einst gesungen,
Die nicht nach Deinem Herzen zielen
Und doch zu Herzen Dir gedrungen.

Wohlan! so will ich Lieder singen,
Die Dir die tiefste Brust bewegen,
Bis sich die Rechte läßt bezwingen
Still in die meine sich zu legen.

5.

Womit soll ich Dein Bild vergleichen?
Sein innrer Werth entspricht dem Ring,
Den ich, als Deiner Liebe Zeichen,
Vor Mondesfrist von Dir empfing.

Und doch, bei tieferem Betrachten,
Wenn wirklich ich Dein Herz verstand,
Muß diese Gab ich reicher achten,
Als jenes erste Liebespfand.

Das Mädchen gab den Ring, das bange,
Von süßer Hoffnung zwar erfüllt,
Doch zweifelnd noch, so wie sich lange
Die Ros in Knospenschleier hüllt.

Im Bilde aber grüßt jetzt offen
Die Braut den Freund, die tiefbewegt
Sich nun in zweifellosem Hoffen
Vertrauend an das Herz ihm legt.

6.

In Blick und Haltung, welch ein Adel!
Die Lippen, wie geformt zum Küssen!
Eins nur, damit doch auch ein Tadel
Laut werde, muß ich bitter missen.

Daß, was ich denke, thu und sage,
Und was ich dichten mag und treiben,
Doch immerfort und alle Tage
Stets gleich sich diese Züge bleiben.

Mag meine Liebe kund sich geben
Im allerinnigsten Ergusse:
Nie will dies Auge sich beleben,
Nie schwellt die Lippe sich zum Kusse.

Das ists — was an des Bildes Zügen
Oft stört mein inniges Ergötzen:
Die kalte Form kann nicht genügen
Das warme Leben zu ersetzen!

Das Brautherz.

Oft, wenn mein Herz im Stillen sinnt,
Und in die nahe Zukunft dann
Den Faden der Gedanken spinnt,
Weht es so heimathlich mich an —
Dann überkommt mich ein Genügen,
Wie wenn in längstbekannten Räumen
Sich vor mir in lebendgen Zügen
Verwirklichte mein stillstes Träumen.

Ich denke mir die Sorg und Müh
Für eines Andern Lebensglück,
Dies stille Schaffen spät und früh,
Als ein so seliges Geschick!
Ich kanns so recht im Geist ermessen,
Wie schön es ist — ganz abzusehen
Von sich, ja ganz sich zu vergessen
Und in dem Andern aufzugehen!

Doch ist mir dann das Herz recht voll,
Schreck ich zusammen — wie nun bald
So anders Alles werden soll,
Daß es mich überläuft ganz kalt;
Ich soll die theuren Eltern fliehen,
Soll mich von den Geschwistern trennen,
Um in die fremde Stadt zu ziehen,
In der die Menschen mich nicht kennen!

Ich lasse so viel Liebe hier,
Wie nie ich finde anderwärts —
O bietet wirklich denn dafür
Ersatz genug ein einzig Herz!
Ein Herz, das vor nicht so viel Wochen,
Als Jahre zählt der Meinen Liebe,
Zu mir das erste Wort gesprochen
Von jenem tiefsten Seelentriebe!

Doch thu ich diesem Herzen weh —
Es liebt mich, wies kein andres thut,
Und wenn ins eigne Herz ich seh:
Ich bin ihm auch, wie Keinem, gut!
Mir ist, als müßt ich ab ihm bitten,
Daß ich ihm Unrecht that so eben —
Und doch, nach zwei Gedankenschritten
Hält gleicher Zweifel mich umgeben!

Ich zittre vor dem neuen Stand —
Und danke Gott doch tief und still,
Daß er dies Herz mir zugewandt —
Ich weiß ja selbst nicht, was ich will!
Ob wohl mir, oder weh zu Muthe,
Ich kann Niemandem es beschreiben:
Ach Gott, halt einer Braut zu gute
Des Herzens wunderliches Treiben!

Thauwetter.

Das Wetter ward gelinde,
Der Wind sprang um zu Nacht;
Da hat der Schnee geschwinde
Wegfertig sich gemacht.
Es tropft von jedem Dache
Der Winter mit Verdruß,
Das Rinnsaal wird zum Bache,
Das Bächlein schwillt zum Fluß.

O, wie dies Spiel des Märzen
Mich heut ergötzet hat!
Fand doch in meinem Herzen
Ein Gleichniß hiervon statt.
Das Weh von vielen Tagen,
Das aufgehäuft hier war,
Hat in die Flucht geschlagen
Ein blaues Augenpaar.

Strömt hin, ihr trüben Wellen
Des wilden Bächleins drauß,
Mein Gram soll sich gesellen
Dem Lärmen und Gebraus.
O, stürmt mit dem Begleiter
Auf Nimmerwiederkehr,
Nur weiter, immer weiter,
Bis nach dem fernen Meer!

Und sind verlaufen alle
Die vielen Wässerlein,
Zieht König Lenz mit Schalle
In seine Lande ein.
Bald blühn die rothen Rosen
Und streuen Düfte lind,
Bald kann ich wieder kosen
Mit meinem blonden Kind.

Und flieht der Lenz, der holde:
Ich sehn ihn nicht zurück;
Denn mit dem Saatengolde
Reift auch mein höchstes Glück.
Ein froher Schnitter heuer
Zieh ich zur Ernte aus,
Und wie des Landmanns Scheuer,
So segnet Gott mein Haus!

Passionszeit.

Ists denn auch recht, in dieser Zeit
Von Liebe Dir zu singen?
Indeß dem Herrn der Herrlichkeit
Für uns in heißem Seelenstreit
Blutstropfen sich entringen.
Geziemt sich irdscher Liebe Kosen
Zu Seiner Wunden blutgen Rosen?

Und doch — kann denn die Inbrunst je
Auf Erden höher steigen,
Als wenn auf der geweihten Höh
Ich aller Liebe Urbild seh
Das Haupt zum Tode neigen!
Loht irgendwo der Liebe Flamme
So feurig, als am Kreuzesstamme!

Nein, wahrlich! der am Kreuz will nicht
Das Lieben jetzt uns wehren,
Sein bleiches, blutges Angesicht,
Sein Heilandsherz, das für uns bricht,
Soll recht uns lieben lehren.
Brautlieb empfängt ihr höchstes Siegel
Allein auf jenem Marterhügel.

O darum, tief getaucht hinein
In Seiner Liebe Gluthen,

Soll unsre Erdenliebe sein,
Damit entsündigt sie und rein
Zum Himmel auf kann fluthen.
Dann bringt zum süßen Gnadenlohne
Uns Rosen seine Dornenkrone.

Seelenbräutigam.

Füllts Dich nicht oft mit stiller Wonne,
Geliebteste, daß Gottes Lamm,
Christus, der Herr, die Lebenssonne,
Sich nennt der Seelen Bräutigam?
Denk ich daran, so ist mirs immer,
Als wäre über unsern Stand
Verbreitet ein Verklärungsschimmer,
Seit Er sich also hat genannt.

Dies wunderbar gewaltge Dringen,
Das, Dich zu lieben, mich erfaßt —
Und jenes räthselhafte Zwingen,
Dem bald Du nachgegeben hast:
Mir ist, als ob der Schleier sänke,
Der über dem Geheimniß ruht,
Wenn ich mir unsre Liebe denke,
Als Abglanz Seiner Liebesglut.

Und wieder — Seiner Liebe Wehen,
Das uns zu zwingen hat gewußt,
Lernt meine Seele still verstehen
Am Gleichniß in der eignen Brust.
Ja jetzt, in Seines Leidens Tagen,
Scheint mir — ich kann begreifen fast
Der Wunder Wunder, daß getragen
Ein Andrer meine Sündenlast.

Ich fühl es ja in meinem Herzen,
Wie, was Dich trifft, Freud und Verdruß,
Erquickung, Zweifel, Trost und Schmerzen,
Ich Alles mitempfinden muß.
Nach Einer Seite nur erblassen
Des Bildes Farben ganz und gar:
Wie Christus lieb hat, kann ich fassen,
Doch das Warum bleibt unnahbar.

Was ewge Reinheit an der Sünde
Kann jemals finden liebenswerth, —
Wenn ich es droben nicht ergründe,
So bleibt es ewig unerklärt!
Doch ists ein seliges Genügen
Für Beide, Bräutigam und Braut,
Zu wissen, daß aus ihren Zügen
Ein Bild der ewgen Liebe schaut.

Das Alpenveilchen.

Voll Blüthenschmuck und Blätterschimmer
Prangst du so frisch im Fensterstand,
Und streust so süßen Duft durchs Zimmer,
Als wäre hier dein Heimathland.

O wenn der Liebe zartes Mühen
Den felsgekrönten Wiesenplan
Und Wasserfall und Alpenglühen
Im Scherbenhaus ersetzen kann:

Was zweifl ich, daß die Schwesterblume
Nicht blüthenreich und düftevoll
In meinem stillen Eigenthume
Gleich dir sich einst erschließen soll!

O komm zu mir.

O komm, Du meines Hauses Krone,
Du meines Heerdes Schmuck und Zier;
In meinem stillen Garten wohne,
Du schlanke Blum aus fremder Zone,
Komm freudig und getrost zu mir!

O komm zu mir — ich will Dich pflegen!
Der treusten Liebe stille Hut
Soll lind und leis sich um Dich legen,
Und schirmend Deinen Stand umhegen
Vor jedes rauhen Sturmes Wuth.

O komm zu mir! Nicht wolle zagen,
Wie dort ist hier der Himmel blau;
Ich will Dich auf den Händen tragen,
Und Du wirst freudig Wurzel schlagen
Auf Gottes frischer Gnadenau.

O komm zu mir! Verlaß die Kreise,
Die liebend Dich bis jetzt gehegt;
Kein Herz versteht ganz Deine Weise,
Und bietet vollste Seelenspeise,
Wenn es für Dich allein nicht schlägt.

O komm zu mir! Du wirst erschließen
Zur vollen Schöne Dich erst hier;
Im süßen Geben und Genießen
Wird jeder Keim zur Blüthe sprießen:
Du schlanke Blume, komm zu mir!

Der Abschied.

1.

O rede nicht von Trennung doch,
So lang ich bei Dir bin!
Auskosten laß die Stund uns noch,
Sie flieht so schnell dahin!

Nicht vorwärts schau und nicht zurück,
Noch liegst Du mir im Arm —
Den letzten, flüchtgen Augenblick
Genieße voll und warm!

Stumm blicke mir ins Angesicht,
Wie in das Dein ich schau;
Am innigsten beim Scheiden spricht
Der Augen feuchtes Blau.

So — aus der Liebe Vollgenuß
Hinein ins Trennungsweh —
Noch einen letzten, langen Kuß, —
Und dann, Ade! Ade!

2.

Die Stiegen ab eil ich behend,
Es drängt der Stunden Lauf;
Doch drüben an dem Straßenend
Heb ich die Blicke auf.

Hoch über mir im hohen Haus,
Im letzten Fensterlein,
Fliegt einmal noch die Liebe aus,
Kehrt einmal noch sie ein.

Wie festgewurzelt bleibt der Fuß,
Indem hinauf ich seh:
Das ist der Liebe letzter Gruß,
Ihr tiefstes Trennungsweh!

Mein Leib und Leben stürmt Dir zu
In süßer Lust und Qual:
Ade! Herz meines Herzens Du,
Ade, viel tausendmal!

3.

Die Pfeife schrillt — fort saust der Zug
Mit mir ins weite Land;
Doch der Gedanken schneller Flug
Bleibt an das Haus gebannt.

Ich weiß, daß einsam dort noch lang
Mein Lieb am Fenster weilt,
Indeß mir nach, sehnsüchtig bang,
Herz, Sinn und Seele eilt.

Sie blickt zum Abendhimmel auf —
  Die Nacht bricht dämmernd ein;
Da zieht ein Sternlein still herauf
  Und blinkt ins Kämmerlein.

Getrost mein Lieb! er glänzt auch mir,
  Es ist der Liebe Stern!
Ein Himmel über mir und Dir:
  Wir sind uns nimmer fern!

Vergiss mein nicht.

Das ist ein wüster Lärmen, der jetzt mein Ohr umschwirrt;
Ich merk, es fallen Späne, wo Holz gehauen wird.
Und wer sein Haus will bauen, muß machen sich gefaßt
Auf Schutt und Staub und Trümmer, auf Unruh sonder Rast.

Die Fremdlingschaft auf Erden empfand ich nimmer so;
Ich leb an vielen Orten, und wohne nirgendswo!
In meinem eignen Hause bin ich nicht mehr zu Haus,
Einzog der Meister Maurer, sein Hammer trieb mich aus.

Und doch ist Bauen Freude! Ich kann mit Augen sehn:
Die morschen Wände sinken, um schöner zu erstehn.
Wie war das Alte düster und winklig, eng und krumm;
Wie streckt sich schlank das Neue so wohnlich rings herum.

Zum Gärtchen hinterm Hause zog heute mich ein Drang —
Holzkram und Steingerölle versperrten mir den Gang;
Der Gräuel der Verwüstung steht hier zu Tage auch,
Zertreten sind die Beete, zerknickt ist jeder Strauch.

Ich dacht an Dich, Geliebte, und überlegte still,
Wie ich für Dich hier künftig und mit Dir schaffen will!
Ich sprach zu meinem Herzen: Ein Jahr geht bald vorbei,
Wie soll die Wüste grünen, kommt wiederum der Mai!

Drauf, als ich schon will gehen, blinkt unter Schutt und Staub
Ein blaues Blumenauge hell auf aus grünem Laub —
Sieh! von den morschen Balken geschützt und überdeckt,
Hat heimlich Kopf an Köpfchen sich hier emporgereckt.

Ein Friedensgruß von Oben ging durch die Seele da,
Als mitten in den Trümmern ich diese Blume sah;
Ein Bild von unsrer Zukunft, so hold und lieb und traut,
Als Worte Dirs nicht künden hab ich im Geist geschaut.

Da pflückt ich diese Blumen, Herz meines Herzens Du,
Ich pflückte sie und schicke sie Deinem Herzen zu;
Ich kann mich ja nicht freuen, als nur mit Dir zugleich:
So grüße Dich in ihnen Dein künftges stilles Reich!

Ein Oelzweig.

Zum Geburtstage der Schwester-Braut.

Seit Noahs Hand der frommen Taube
Den Oelzweig abnahm, theure Braut,
Hat, wie du weißt, in ihm der Glaube
Des Friedens Sinnbild stets geschaut.

Auch hast erkannt Du: wer hienieden,
In dieses Lebens Kampf und Streit,
Allein den wahren Seelenfrieden
Dem müden Erdenpilger beut.

Ich möchte Dir, der Wahlverwandten,
Recht sinnig heut im Geiste nahn;
Dein Herz soll in dem Gratulanten
Den Gruß des Bräutigams empfahn.

Nun sieh! es hat vor vielen Wochen
Ein Pilgersmann auf heilger Höh
Vom Oelbaum einen Zweig gebrochen
Im Garten zu Gethsemane.

Er gab ihn mir zum Liebespfande —
Es war ein Doppelzweiglein zart —
Dies Reis aus dem gelobten Lande,
Ich hab es treulich aufbewahrt!

Doch heut will ich den Zweig zerschneiden,
Daß, an der Einen Ehrentag,
Den theuren Schwesterbräuten beiden
Er Friedensgrüße bringen mag.

Ihr auch, zwei Zweig aus Einem Stamme,
Verlaßt das Elternhaus nun bald,
Und Jede folgt dem Bräutigame:
Euch trennt der Liebe Allgewalt.

O! wohne stets in Euren Herzen,
Wo Ihr auch weilt, in Lust und Weh,
Der Frieden, den der Mann der Schmerzen
Erkämpft hat auf Gethsemane!

Dann, mag die Zukunft sich gestalten,
So wie Gott will — dann seid Ihr ja,
Von Seiner Liebe Reif gehalten,
Euch dennoch ewig innigst nah!

Waldblumen.

1.

Da Dich die Blumen so entzücken,
Geliebte, wie Du mir geschrieben,
So möchte gern mein treues Lieben
Dir täglich frische Blumen pflücken.

Doch müssen in dem eignen Garten
Die Blumen, die der Lenz sonst spendet,
Bis erst der Hausbau ist vollendet,
Des künftgen Mais geduldig warten.

Sie harren still der Zeit entgegen,
Um lieblicher dann zu erblühen,
Wenn selber Du mit zartem Mühen
Hier Deine Lieblinge wirst pflegen.

Drum hab ich in dem Wald, dem stillen,
Dir diesen Blumenstrauß gebrochen!
Und was mein Herz dazu gesprochen,
Soll Dir ein Liederkranz enthüllen.

2.

Einsam und öde steht noch immer
Der Wald in winterlichem Schweigen,
Doch ruht schon auf den kahlen Zweigen
Des Lenzes bräunlich grüner Schimmer;

Der Saft stieg in die Blätterhüllen;
Bald wird der braune Schleier fallen,
Ein Laubdach wölben diese Hallen:
In Kurzem muß es sich erfüllen!

Tief an der schlanken Stämme Grunde
Beginnt der Blumen fröhlich Treiben
Mit bunten Lettern schon zu schreiben
Von naher Herrlichkeit die Kunde.

O! diesem Wald will ich mich gleichen,
Wenn ich Dir seine Blumen bringe:
Die Lieder, die ich einsam singe,
Sind alle künftger Wonne Zeichen!

3.

Die Blume braucht zu ihrem Frommen
Kein warmes Haus mit hohen Scheiben:
Sie fängt von selber an zu treiben
So bald die rechte Zeit gekommen!

In jedem Land und jeder Zone
Läßt Blumen Gott der Erd entsprießen:
Nur nicht das Herz dem Licht verschließen,
So trägts auch eine Blüthenkrone!

Stolz prangt der Fels im Sonnenstrahle;
Doch in des Waldes tiefsten Gründen
Wirst Du die schönsten Blumen finden:
Und in der Demuth stillem Thale!

Nicht sieht mans außen an dem Haine,
Wie schön sich drin die Blumen kleiden:
Und auch des Herzens reinste Freuden
Verbergen sich dem Außenscheine!

4.

Du gabst Dich mir zum Eigenthume —
Und wenn, im Blick auf diese Gabe,
Dem Wald ich mich verglichen habe:
So gleich ich Dich des Waldes Blume!

Denn wie des Waldes grünem Grunde
Den schönsten Schmuck die Blumen geben:
Grüßt heiter mich nur erst das Leben
Mit Dir im süßen Herzensbunde;

Und wie der Mensch, der Blumen wegen,
Gern weilt an stiller Waldesstelle,
Wird durch Dich über unsre Schwelle
Der Duft der Wohnlichkeit sich legen.

Und wie vor rauher Stürme Wehen
Der Wald die zarten Blumen decket:
So möcht ich, wenn ein Wetter schrecket,
Dir schirmend stets zur Seite stehen!

Später Frühling.

Der Lenz, je länger er gesäumt,
Je schneller bricht er dann herein,
Und was er wochenlang verträumt
Holt er in wenig Tagen ein.
Der Lüfte lauem Wehen
Folgt kaum ein warmer Regen:
Und Bäum und Sträucher stehen
Ringsum in vollem Blüthensegen.

Das Herz ist eine kleine Welt,
In welcher auch es lenzt und mait,
Und drin der Frühlingsanfang fällt
Nicht immer auf Kalenderzeit!
Ein warmer Blick der Liebe
Nach langer Wintertrauer:
Da stand in kurzer Dauer
Das meine auch voll Blüthentriebe!

Gewitterregen.

Eh des Himmels vollste Liebe
Tränken kann die dürre Au,
Müssen Wolken, schwer und trübe,
Nächtigen sein lichtes Blau.

Eh zwei Herzen sich erschließen,
Muß sie treffen tiefes Leid:
Und aus Thränen erst kann sprießen
Vollste Liebesseligkeit.

Der Schmied.

Den Blasbalg vor dem Hammer
Handhabt der Meister Schmied;
Je heißer glüht das Eisen,
Je fester wird der Niet.

Bis weiß die Stangen sprühen
Hält er den Arm zurück;
Dann schweißt er sie zusammen,
Fest, wie aus einem Stück.

O Lieb, als ich dem Schmiede
Heut sinnend zugesehn,
Fand ich zu dem den Schlüssel,
Was jüngst an uns geschehn.

Wo Gott recht fest will binden,
Schafft ers, wie Jener thut,
Denn Herz mit Herz zusammen
Schmilzt erst in Drangsalsgluth.

Immer offen.

Eins möcht ich recht ans Herz Dir legen,
O, geh auf meine Bitte ein:
Und laß uns immer offen sein,
Wenn je sich Zweifel sollten regen.

Es wird ja auch bei uns nicht fehlen,
Daß anklopft solch ein böser Gast;
Doch flieht die Schwellen er mit Hast,
Drin sich die Herzen nichts verhehlen.

O, Gott, die unbedachte Rede,
Ein bloßes, unverstandnes Wort
Frißt wie der Krebs am Herzen fort
Und macht zu Gifte dann jedwede!

Es wär der Bann so leicht gebrochen:
Der Andre hats nicht so gemeint;
Doch Mißtraun säte schon der Feind,
Umsonst, das Wort bleibt ungesprochen.

Und schwerer stets wird das Bekenntniß,
Wird es nicht alsogleich gethan;
So untergräbt ein bloßer Wahn
Der Herzen innigstes Verständniß!

Drum möcht ich Eins ans Herz Dir legen,
O geh auf meine Bitte ein:
Und laß uns immer offen sein,
Wenn je sich Zweifel sollten regen!

Herzeleid.

Wie nach einem Regenschauer
Frischer leuchtet das Gefild:
Also prangt in meinem Herzen,
Seit um Dich es stand in Trauer,
Leuchtender Dein theures Bild.

Nimmer sind es leidenlose
Tage, die ich uns erfleh!
Feuer muß das Gold bewähren;
Aus den Dornen sprießt die Rose,
Liebeslust aus Liebesweh!

Ob die Trübsal sich erneue,
Jedes Kreuz nimmt doch ein End!
Rechte Liebe hat zum Troste:
Herzeleid, es klärt die Treue,
Wie der Sturm das Firmament.

Treue.

Wie der Stern am Pol des Himmels,
Welcher wandellos uns grüßt,
Erst des ganzen Lichtgewimmels
Wunderordnung uns erschließt:

Also kann sich erst bekunden
Ganz der Liebe Seligkeit,
Wenn die Treue Du befunden
Wandellos in schwerer Zeit.

Nachtfahrt.

Wie schwer das Herz der Abschied macht!
Wie schnell die Zeit verrann!
Die letzte Stunde ist verbracht —
Der Heimath zu in lauer Nacht
Führt mich ein leicht Gespann;
Schon liegt in weiten Fernen
Die Stätte meiner Lust,
Und nieder von den Sternen
Quillt Frieden in die wunde Brust.

Der Tag war trüb und wolkengrau —
Jetzt ist der Himmel klar;
Der Vollmond schwebt im lichten Blau
Und überstrahlt die Sternenau
So groß und wunderbar.
Ein Himmel auch voll Prangen
Tief in der Brust mir wohnt,
Seit Du bist aufgegangen
In meiner Nacht ein lichter Mond.

Ich sitz im Wagen ganz allein,
Es schweigt rings das Gefild —
Im tiefen Schlaf liegt Flur und Hain
Und silbern färbt der Mondenschein
Das stille Landschaftsbild.
So in der Brust tief innen
Schweigt auch der rasche Muth,
Indeß mein stilles Sinnen
Im süßen Deingedenken ruht.

Jetzt öffnet sich der Blick ins Thal —
Der Nachtduft steigt empor —
Wie zaubert da der Mondenstrahl
Ein Land mit Wundern ohne Zahl
Und hüllts in leichten Flor!
So schweift in künftgen Zeiten
Auch meiner Sehnsucht Blick,
In duftumflorten Weiten
Schau ich mein höchstes Lebensglück.

Und von dem nahen Blüthenbaum,
Von glanzumflossner Saat,
Und aus der Zukunft süßem Traum,
Steigt zu dem lichten Sternenraum
Mein Geist auf stillem Pfad.
Ich blick ohn Ziel und Ende
In Gottes Rath hinein —
Es falten sich die Hände,
Ich bete still und schlummre ein.

Nicht weiß ichs mehr, wie lang ich schlief —
Der Wagen fuhr durchs Thor,
Das Städtchen lag im Schlummer tief,
Die zwölfte Stund der Wächter rief,
Da schreckt ich erst empor.
Des Vollmonds Silberschimmer
Floß um mein einsam Haus,
Und bald im stillen Zimmer
Ruht ich auf weichem Lager aus.

Maiglöckchen.

1.

Als ich an einem Maientag
Im grünen Waldesschatten lag
Und an Dich dachte unverwandt,
Kam mir ein Blümchen in die Hand,
Das neben mir vom schlanken Stiel
Ich abbrach im Gedankenspiel.
Das Blümchen war so lieb und traut,
Ich hab es sinnend lang beschaut;

Und als ich mehr mich umgesehn,
Fand ich viel seiner Schwestern stehn;
Ich suchte bald die schönsten aus
Und pflückte sie für Dich zum Strauß.
Wie nun der Vöglein lautes Schmettern
Uns auslegt, was mit Blumenlettern
Von seines Herzens ewgem Lieben
Gott auf des Waldes Grund geschrieben:
So woll im kühlen Buchenschatten
Du Deinem Sänger auch gestatten,
Daß er in frischer Lieder Weisen
Maiglöckchens Deutung Dir darf preisen.

2.

Zwei Blätter halten sich umwoben
Und schlingen sich zu einem Stamm;
Sie streben beide still nach oben:
Ein Bild von Braut und Bräutigam!

Denn wie bei völligster Vereinung
Ein Wille in zwei Herzen lebt,
Das tritt so lieblich in Erscheinung,
Wenn sich der Blüthenschaft erhebt.

Die Blüth ist eigen jedem Blatte
Und steiget doch aus keines Schooß;
Du siehst nicht, wo sie Ursprung hatte,
Sie stammt von beiden, siehst Du bloß.

Zwei Seelen, die in keuscher Liebe
Vereinigt sind als Weib und Mann,
Die richten auch in einem Triebe
Des Geistes Blüthen himmelan.

3.

Ist jedem Blatt die Blüthe eigen,
Obgleich aus keines Schooß sie steigt:
So laß mich Dir im Bilde zeigen,
Worin sie meinem Herzen gleicht.

Sieh, all die Glöcklein haben Zungen,
Nur ward der Ton zu süßem Duft,
Und ist erst ihr Geläut erklungen
Füllt unablässig es die Luft.

Und alle diese Glöcklein richten
Nach einem Ziel sich für und für:
So muß ich täglich Lieder dichten,
Und kann doch singen nur von Dir.

Ich möchte, jedes meiner Lieder
Wär solch ein Glöcklein silberweiß,
Und möchte, jedes hallte wieder
Mit süßem Klang von Deinem Preis.

4.

Ist eigen jedem Blatt die Blüthe,
Ob keines Schooße sie entquillt:
So schaut mein Herz, das lieberglühte,
In ihr auch Deines Herzens Bild!

Weiß ist der Glöcklein Außenseite,
Zart gelb erglänzt des Kelches Kern:
Dein Schmuck ist Unschuld! Dein Geleite
Im Herzen tief des Glaubens Stern!

Grad auf hebt sich das Blüthenstöcklein,
Es strebt empor zum Himmelslicht;
Doch halten all die zarten Glöcklein
Erdwärts gekehrt ihr Angesicht.

Zum Himmel auf geht all Dein Streben,
Empor zu Gott steht Sinn und Herz;
Doch Demuth will sich nicht erheben
Und senkt die Blicke niederwärts.

Mädchenwaffen.

Du legtest schnell, doch tiefen Bebens,
Als bittend einst ich vor Dir stand,
Den Frieden Deines ganzen Lebens
Vertrauensvoll in meine Hand.

O glaub mir, nie vergessen werde
Ich Deiner Unschuld bangen Blick,
Die rührend innige Geberde,
Das stumme Flehn um Herzensglück.

Du standest hin, so duftumflossen,
So ganz von holder Scham erglüht,
Der Knospe gleich, die halberschlossen
Dem Morgenlicht entgegen blüht.

Gewiß, Du sollst sie nie bereuen,
Des jungen Herzens rasche That!
Mit vollen Händen will ich streuen
Der Blumen viel auf Deinen Pfad.

Und bist Du selber eine Blume —
So sollst Du blühen und gedeihn
An meines Heerdes Heiligthume:
Ich will Dein treuer Gärtner sein!

Tapeten.

Oft schreit ich durch die stillen Räume,
In denen Du wirst schalten bald,
Und senke mich in süße Träume
Von bunter, wechselnder Gestalt;
Am liebsten, wenn die Schatten dämmern,
Wenn rings um mich verklungen ist
Der Bauenden geschäftges Hämmern
Und Du alleine bei mir bist.

Denn wenn der Fuß zu solcher Stunde
Durch unser trauliches Quartier
Gemacht hat die gewohnte Runde,
So flüchtet sich der Geist zu Dir.
Dann steh ich oft in stillem Sinnen
Noch lange, wo ich eben stand,
Und im Gedankenspiel gewinnen
Die Bilder deutlicher Gewand.

Wie sind doch alle diese Zimmer,
Die ich gebaut, ein todter Leib!
Denn wohnlich wirds dem Manne nimmer,
So lang die Seele fehlt, das Weib.
Du aber wirst die starren Hüllen,
Geliebteste, in kurzer Zeit
Mit frischem, warmen Leben füllen:
Du bringst ins Haus die Häuslichkeit!

O dann wird jede dieser Thüren
Zu einem tiefverborgnen Glück
Und zu besondrem Segen führen
In meinem künftigen Geschick;
Kein Räumlein ist dann mehr zu enge,
Wenn nur betreten es Dein Fuß,
Aus dem mir nicht entgegenklänge,
Durch Dich geweckt, ein Friedensgruß.

Und wie die Fischernachen eilen
Nach langer Fahrt zum sichern Port,
Laß ich zuletzt die Blicke weilen
Auf dieses Hauses stillstem Ort;
Auf jener Stätte, da die Seelen,
Nach jedes Tages Müh und Last,
Vereint sich Gottes Hut befehlen
Und halten dürfen süße Rast.

O, dieser Raum wird viel erfahren,
Als stummer Zeuge Vieles schaun,
Wenn sich die Herzen offenbaren,
Ihr innerstes sich anvertraun!
Und wenn wir in die Stille flüchten,
In dies verschwiegne Kämmerlein:
Wie werden von Gebetesfrüchten
Die Seelen bald umgeben sein!

Ich weiß — auch Thränen werden thauen,
Ich weiß, auch manches Kreuz und Leid
Wird diese stille Kammer schauen:
Doch beb ich nicht vor schwerer Zeit!
Nur Eins ists, was ich uns erflehe:
Es komme, was da kommen mag,
Daß nimmer dieser Raum uns sehe
Entzweit auch nur auf Einen Tag!

8

Als wenn hier schon geschrieben stände
All unsres Lebens Lust und Schmerz,
Faß ich im Geiste Deine Hände
Und drücke fest sie an mein Herz.
Mit Gott! Er wird uns ferner leiten,
Wie Er bisher zur Seite stand:
So laß getrost uns überschreiten
Die Schwelle zu dem neuen Stand!

Der Heerd.

Mein süßes Lieb, heut hab ich Hand
An jenen Bau gelegt,
Von welchem unser künftger Stand
Den schönsten Namen trägt.
Die Zimmer sind bereit gesetzt,
So wies Dein Herz begehrt,
Und zum Beschluß erricht ich jetzt
Für Dich des Hauses Heerd.

Ein eigner Heerd, — welch süßer Klang,
Wie heimelt er mich an!
Viel mehr, als solch ein Bräutlein bang
Jetzt schon begreifen kann.
Darum, bevor dies Heiligthum
Als Priesterin Dich sieht,
Soll Dir des eignen Heerdes Ruhm
Verkündigen mein Lied.

Sieh, in der Welt gilt jedes Ding
So viel wir wollen bloß;
An sich ist nichts klein und gering,
An sich nichts hoch und groß!
Das Essen scheint vor Allem schier
Recht ordinair zu sein;
Denn Hunger hat mit jedem Thier
Der Erdenherr gemein.

Doch aber ist, bedenkst Dus recht,
Die ganze Menschenwelt,
Der König, wie der ärmste Knecht,
Auf täglich Brot gestellt.
Es schließt das ganze Erdenglück
Die vierte Bitte ein:
Mich dünkt das recht ein Meisterstück
Vom lieben Gott zu sein!

Er zeigt uns unsre Schwachheit da
Und Seine große Kraft;
Was lebt, heischt täglich Speise ja,
Und Gott ists, der sie schafft.
Nur brauchts, nach Seiner Weisheit Schluß,
Dazu der Mittel noch:
Denn ob auch Jeder essen muß,
Ist doch nicht Jeder Koch.

Was einzeln jeder Mund begehrt,
  Giebt Gott nur gruppenweis.
Es schließt um jedes Hauses Heerd
  Sich ein Familienkreis.
Drum steigt der Rauch zu Ihm ohn End
  Von aller Heerde Glut:
Den Schöpfer preist das Element,
  Wo es der Mensch nicht thut.

So ist der Unterschied denn groß,
  Ob Du durchs Leben gehst
Als eines Heerds Mitesser bloß,
  Ob selbst am Feuer stehst.
Dem ward ein heiliger Beruf,
  Gar hoher Ehren voll,
Wer Menschenleiber, die Gott schuf,
  Täglich versorgen soll.

Der Heerd nährt nicht blos mich und Dich;
Wenn erst sein Feuer flammt,
So sammeln auch die Seelen sich
Und wachsen wird Dein Amt.
Das Essen bleibt in solchem Licht
Nicht mehr Naturgebot,
Es wird zu froher Zuversicht
Auf Deinen Herrn und Gott.

„Dein eigen Hand Dich nähren soll!“
Wie süß dies Wort auch klingt,
Schmeckt doch dem Mann die Speis erst wohl,
Wenn sie sein Weib ihm bringt.
Und wahrlich, solch ein Weib, wie Du,
Und einen eignen Heerd:
Dem fiel ein lieblich Erbtheil zu,
Wem Gott solch Gut bescheert!

Das Brautkleid.

Hell schimmert über einen Stuhl gebreitet
Das letzte, deutungsvolle Liebespfand
Von ihm, mit dem geschmückt das neue Land
Mein Fuß in wenig Tagen nun beschreitet.

In schweren Falten fließt die weiße Seide
Zum Boden hin; und doch, wie zart und rein,
Wie leicht und duftig dieser Silberschein!
Mit tiefer Rührung steh ich vor dem Kleide.

Die Nadel ruht, die daran schaffte lange,
Rastlosen Spieles fügend Stich an Stich;
So hat erfüllt von Tag zu Tage sich
Auch meine Brautzeit in der Monden Gange.

Wenn diese reine Seide mich wird schmücken,
Dann schließt für immer ab das Mädchensein,
Dann tret ich in das neue Leben ein,
Deß Ziel noch dämmert vor den bangen Blicken.

O Herr, mein Gott! zu dem ich betend fliehe,
Du kennst mein Herz, Eins nur bitt ich von Dir:
Laß Deine Hand allzeit sein über mir,
Wenn ich mit ihm nun bald von dannen ziehe.

Was Du mir schickst, gieb daß ichs freudig trage,
Und laß mein Herz zu Deinem Lob und Preis,
Was mir auch kommt, allzeit so rein und weiß
Gekleidet bleiben wie am Hochzeitstage.

Vorabend der Hochzeit.

Zum letzten Mal grüß ich im Mädchenstande
Dich heut im weißen, wallenden Gewande,
Den bunten Blumenkranz im blonden Haar,
Du süße Rose in der Schwestern Schaar.

Noch einmal werd ich heut Dir Abschied sagen,
Dann wird der schöne Morgen für mich tagen,
An dem, wenn ich Dich wieder schaue dann,
Mich nur der Tod noch von Dir trennen kann.

Dann bist Du mein, dann bin ich ganz Dein eigen,
Dann wird die heiße Sehnsucht in mir schweigen,
Dann führ ich Dich in mein vereinsamt Haus
Und ruhe still an Deinem Herzen aus.

Du scherzest harmlos noch nach Mädchenweise,
Weilst heiter lächelnd in der Jungfraun Kreise —
Ich möchte heut nur in der Ferne stehn,
Um recht das Mädchen noch in Dir zu sehn.

Und möchte still zu Gott die Händ aufheben:
Er wolle mir in Seiner Gnade geben,
Daß stets das Mädchen bleibe ungekränkt,
Wenn er mir morgen nun die Gattin schenkt.

Der Brautkranz.

Lebt wohl! ihr Schwestern, die ihr heut mich schmücktet;
Nehmt für den letzten Dienst den letzten Dank!
Die Myrthe, die ihr in das Haar mir drücktet,
Trennt mich von euch, mahnt mich zum ernsten Gang.
Lebt wohl! gedenkt in herzlichem Gebete
Des Mädchens, das noch heut wird Gattin sein,
Und laßt mich, eh ich vor den Altar trete,
Laßt mich noch einen Augenblick allein.

Ich bin allein — doch ob mich Niemand sähe,
Ein Auge, weiß ich, ruht klar über mir;
Mein Herr und Gott, ich fühle Deine Nähe
Und meine Seele flüchtet sich zu Dir.
Im Myrthenkranz, der einmal nur im Leben
Als höchster Schmuck der Jungfrau Stirn umlaubt,
Und dem das Mädchenherz mit bangem Beben
Entgegenschlug, neig ich vor Dir das Haupt.

Du sahst so oft die Augen freudig glänzen,
In Deiner Hut war immer mir so wohl,
Ich schmückte mich so gern mit Blumenkränzen,
Des Mädchenstandes lieblichem Symbol —
Du hast bisher auf meines Lebens Pfade
So viele Freudenblumen mir gestreut:
Du lieber Herr! für alle Deine Gnade
Nimm einmal noch den Dank des Mädchens heut.

Mit Blumen darf ich heute mich nicht schmücken,
Ein neues Leben soll mir erst erblühn;
Nur reines Weiß will zu der Braut sich schicken,
Und drüber schwebt der Myrthe Immergrün —
O Herr, mein Gott! ich will ja gerne scheiden
Vom Mädchenstand, doch nimmermehr von Dir:
Laß immer mich das Weiß der Unschuld kleiden,
Laß diese Myrthe grünen für und für.

Die Trauung.

O du, nicht Braut mehr: Gattin, Männin, Weib,
Nun ists geschehn! Das Amen ist gesprochen —
Du mein — bis Deiner Augen Licht gebrochen —
Ich Dein — so lang ich wall in diesem Leib —
Und jenseits noch — es ruht auf unserm Bunde
Geheimnißvoll das Wort aus Gottes Munde.

Komm an mein Herz! O könnt ich Dich empfahn
Wie jenes Gotteswort mir zeigt die Bahnen —
Ich soll Dein Herr sein! also klingt sein Mahnen:
Dein Wille sei dem meinen unterthan;
Doch so wie Christus Herr ist der Gemeine,
In gleicher Weise soll ich sein der Deine!

Er ist der Herr — und doch nicht Magd die Braut —
Sein ganzes Leben, Lieben, Leiden, Sterben
Es ist um freie Gegenlieb ein Werben,
Ein Weib, ein freies, hat sich ihm vertraut!
Ihr Will ist in dem Seinen aufgegangen,
Drum dient sie Ihm und muß nun an Ihm hangen.

Komm an mein Herz! Gott wolle mir verleihn,
Daß Du das Deine völlig mir kannst geben;
Ein stetes Werben sei fortan mein Leben,
Daß frei Du und doch unterthan mußt sein,
Daß unser Wollen sich in Seiner Liebe
Verklärt zu einem freien Geistestriebe.

MIX
Papier | Fördert gute Waldnutzung
FSC® C083411

Zeitfracht Medien GmbH
Ferdinand-Jühlke-Straße 7
99095 Erfurt, Deutschland
produktsicherheit@kolibri360.de